시간 위에 그리는 그림

강석희의 사진시 2집

JW 장원문화

작가의 글

사진시 1집 '너랑 걸어가니 좋다'를 출간한 이후에도, 여전히 일상의 풍경과 사람들의 모습을 사진에 담는 것이 즐거웠습니다. 가슴 깊숙한 곳의 일렁거림 한 가닥을 뽑아내어, 신실한 토기장이같이 한 땀 한 땀 시도 빚었습니다. 보기에 좋았습니다.

흙먼지 풀풀 날리는 가쁜 인생길을 걸어가는 이 땅의 순례자에게, 갈한 영혼을 축이는 시원한 샘물이면 좋겠습니다. 그리움과 사랑이 우러난 구수한 숭늉이면 좋겠습니다. 저의 시와 사진이 그러면 좋겠습니다.

2024년 가을 제비농장에서
강 석 희

서시

인생길을 누비며

사진기 하나 달랑 걸치고
어슬렁 길을 나선다

발길에 채이는 돌맹이
볼살을 스치는 바람
바삐 걷는 사람들의 뒷모습,
친근한 일상의 여운이
렌즈를 지나 기억의 저편에
아스라이 박힌다

인생길 새참 먹듯
세월비에 얼룩진 기억을
살며시 헤집어 보니
박제된 낡은 가죽 같은
지난 날의 이야기

아련한 속삭임에 일렁이는
기쁨과 슬픔, 그리움
뭣보다도 사랑의 운율을
가벼이 덧입히니
나는 이것을 시라 우긴다

오늘 하루도
바람에 나부끼는 일상을
소중히 주워 담으며
봄날 오후에 동네 산책하듯
인생길을 누빈다.

- 1부 일상 -

Contents

시간 위에 그리는 그림　　012
그 섬으로 가는 길목　　014
산중에 봄이 오는 소리　　016
참꽃　　018
봄길 걸으며　　020
이슬　　022
풍경　　024
달빛　　026
홍시　　028
가을 속으로　　030
시래기　　032
밤길　　034
나목　　036
겨울산　　038
겨울 수묵화　　040
추억　　042
비엔나 커피　　044
볏가리에 알을 낳으니　　046

세월의 책장   048
감자떡   050
자취의 추억   052
도서관 앞 공중전화   054
무지개   056
통장 하나 만드셨나요   058
동역자   060
그런 비밀 하나쯤   062
섭섭함에 관한 묵상   064
뿌리   066
빛과 그림자   068
한양도성길   070
심우장 가는 길   072
신삼국시대   074
땡감   076
가시   078
주판알 튕기지 마라   080
돌 하나 얹어   082

역행   084
허락된 시간   086
그런 날이면   088
노을   090
소박한 시   092
맨발걷기   094
주름진 발   096
골프공의 탄식   098
코로나 유랑   100
성공보수   102
소쿠리만 채우다가   104
커튼을 열어라   106
새벽 바다   108
메타버스   110
도시락 봉사   112
이방인   114

- 2부 바다 너머 -

아프리카　118
볕뉘 두 줄기　122
마사이의 큰 나무　124
몽골을 꿈꾸며　130
종군기자　134
눈물샘 터져　136
유럽여행　138
여행의 이유　144
활화산　152
젊음은 증발하고　156
여왕의 걸음　158
독도기행　164

- 3부 아내와 가족 -

출근길　168
사랑도 어린 시절이　170
죄와 벌　172
시인의 비애　174
봄비　176
더치커피　178
그날 아침　180
홍역　182
바람도 쉬이 그치질 않는다　184
해빙　186
어디서부터 꼬였던가　188
블랙 아이스　190
일류 요리사　192
과메기 부부　194
가끔은 바람도 불어야　196
무형문화재　198
그러고 보니　200
풍미　202
엄마와 딸2　204

- 4부 이웃 -

해묵은 기도 206
풀쐐기에 쏘였어요 208
별난 사돈(시) 210
7번 국도 위의 별난 사돈(수필) 212
빨간 방티 214
부탁 216
시상식 218
아이고 별나네 220
헛기침 222
꽃잎 따다가 224
어머니의 지팡이 226

술 땡기는 날 230
끝나지 않은 연주 232
옥상 위의 남자 234
노방전도 236
소녀의 기도 238
무인감정 240
그럼 됐잖아 242
그녀는 영화배우 244
아내의 손 246
영화 같은 인생 248
묵은 정 250
칠십이 코앞이나 252
동문회 254
그녀는 알고 있을까 256
바늘과 실 258
블루오션 260
그 이로 인하여 262
파안대소 264
흩날리는 웃음 266
덕포진의 희한한 노인 268

1부 일상

시간 위에 그리는 그림

시간 위에 그리는 그림

삶은
흐르는 시간 위에
그림을 그리는 것이다

텅 빈 캔버스 위에
여린 붓으로 꿈을 듬뿍 묻히던
푸릇한 때가 있었지

빈 자리가 허물인 양
숨 막힐 정도로 빼곡히 덧칠한
뜨거운 시절도 지나가고

어느덧
흰 눈 앉은 잔가지 위에
오도카니 웅크린 작은 새 모냥
먹선으로 스며드는
나

삶은
흐르는 시간 위에
여백을 그려가는 것이다.

그 섬으로 가는 길목

삶의 무게에 짓눌려
훌쩍 떠난다

파도 너머 아련한
그 섬

출렁이는 바닷물에
미움과 외로움, 견고한 답답함을
한 바가지 냅다 퍼 던지고

질기게 달라붙어 엉긴
몇 조각 삶의 찌꺼기 마저도

바다를 기어 온 짭조름한 바람과
친구의 싱거운 농담이
후울훌 날려 버리고.

인천 세어도에서 소세어도 가는 돌길

산중에 봄이 오는 소리

뒷산 차가운 계곡물 위로
신나게 미끄럼 타는
봄바람 소리가 연노랗다

산수유 꽃망울 톡톡 터지는 소리
연한 나뭇잎 파르르 떨리는 소리
따사로운 아침 햇살에
노란 민들레 눈 비비는 소리
별빛의 다정한 속삭임에
매화꽃 얼굴 붉히는 소리
이 꽃 저 꽃 희롱하다
그림자같이 내빼는
흰나비의 야속한 날갯짓 소리

봄 향기에 물든 산길을
수줍게 쏘다니는
연분홍 웃음소리

산중에 봄바람은 일고
맘속엔 아지랑이 일렁이고.

참꽃

산길 걷노라니
나무 사이로 수줍은
봄의 미소

첫사랑 소녀의 떨림인 듯
발그스레 말없이

여린 가슴이 심은 그리움에
아련한 꽃잎 피어나

인생길 걷노라니
나무 사이로 설레는
봄의 속삭임.

봄길 걸으며

봄길 걸으며
추억길 걸으며

켜켜이 마음의 먼지
바람에 날려온 솔개비도
손등으로 털어낸다
툭툭 툭툭

봄볕으로 데워진 마음
노오란 연분홍 웃음 흘리니

봄길 걸으며
희망길 걸으며.

이슬

어둠 지나왔으나
거멓게 물들지 않고

청아한 하늘빛
고이 머금어

이 땅에 태어나
하늘 그리운 이마다

정결한 입술로
사랑 노래 향그러이.

풍경

처마 끝자락에서
바람을 핥는다

세찬 바람 불어도
외려 울림은 영롱하고

살과 뼈 치는 고통에도
한 자락 고운 노래는
묵직한 추 한 덩이
심중에 달고 있음이던가

처마 끝자락에서
고요를 핥는다.

달빛

은빛가루 사르르
꽃비처럼 나린다

길 떠나는 이여!
한치도 안보이는 인생의 여정
훤히 비출까마는
돌부리에 채이진 않으리

사랑하는 이여!
아물듯 아물듯한 생채기 진물
고대 마를까마는
쳐진 어깨 포근히 토닥이리

은빛가루 사르르
그대를 축복하리다.

홍시

아롱진 햇살이
계절의 끝자락
저 여릿한 모세혈관까지
흘러야 할 터인데

한갓지고 졸고 있는
가을의 심장

가을 속으로

가을 속으로 성큼 걸어간다

성미 급한 잎새 하나가
길 위에 툭 떨어지고

이끼 낀 바위에
나무그림자가 써내려간
고즈넉한 시

벤치에 앉아
더듬거리며 읽고 있는데

작은 벌이 날아와
교태를 부리며 집적댄다

아직은 이 몸에도
향긋한 내음이 나는갑다.

시래기

처마 그늘에
추욱 쳐진 여인

정든 땅에서 싹둑 잘려
푸르죽죽 누리띵띵

바람의 다독임에
서러운 고름은 말라가고

세월의 일렁임에
가녀린 몸 수줍게 내맡긴다

고읍게 물들어가고
그윽이 맛깔져가고

처마 그늘에
꿈을 다는 여인.

밤길

굽이 흐르는 밤길
풀여치 소리 감겨오니
발길마다 채이는
그리운 사연들

굽이 흐르는 물길
돌돌 속삭이듯 감겨오니
눈길마다 맺히는
그리운 사람들

나목

갈바람이 스산스레
밤이 깊어가고

뒤안 감나무의
다디단 시절 멋스런 풍미도
땅 위를 나뒹구른다

창백한 밤은 기어이 오리다마는
영원한 생명의 태기가 꿈틀거린다

하얀 눈꽃이 피고
순결한 별이 주렁주렁 달리고
파르르 달잎이 가지 끝에서 떨리리라

우주의 성스런 품이
앙상한 나무를 끌안으며
갈밤은 깊어가고 있다.

겨울산

앙상해진 세월 사이로
주름진 속살

붉은 옷고름
수줍게 여밀 때는
내비치지 않았는데

덕지덕지 장식 다 떼고
하늘 앞에 선

천국도 겨울산 같으리라.

영양과 울진 사이의 경계인 구주령

겨울 수묵화

꽁꽁 언 저수지 위로
한 자락 바람 일렁이니

아름드리 고목에
벗은 가지의 흐늘거림이
처연하다

따스한 봄날
그리운 이의 손길 닿으면
고운 꽃봉오리 피우려나

하루 해는 고대 저물고
나그네의 그림자를 낙관 삼아

한 폭의 겨울 수묵화.

청송 주산지

추억

처마에 빗물
똑똑 떨어지는 날

인생길 징검다리
한 발 한 발 건너니

발등을 간지르는
지난 날 소소한 이야기들

비 그치면
돌 하나 또 놓아야지.

비엔나 커피

눈이 내리면
비엔나 커피를 마시자

헛헛한 세월 살짝 걷어내고
숯불처럼 피어오르는
그리움을 마시자

한 모금 머금고 눈 감으니
지나간 시절이 모두 아름답다
달콤한 설레임
풋풋한 웃음
이별의 애틋함 조차도

오늘따라 창 밖에
눈이 소복이 쌓이려나 보다.

볏가리에 알을 낳으니

아침에 쪼르르
어렵사리 볏가리에서 찾아낸
뽀오얀 달걀

할매는 젓가락으로 돌돌
수란을 만들어
할배 밥상에 올리는데

달콤한 모이를 노리는
병아리의 애타는 눈망울은
꼴딱꼴딱 넘어가고

주름골에 웃음 드리운 할배는
부러 반만 드시곤
숟가락을 내려 놓는다.

세월의 책장

바람이 조잘거리는
해질녘

호젓이
세월의 책장을 넘긴다

뒤안 감나무 오르던
어린 시절을 읽으며

차곡차곡 곰삭은 추억을
포기포기 꺼내 감칠맛나게 읽으니

흑백사진같이 빛바랜 책장에
그리움이 숯불처럼 타오른다.

감자떡

산골 그랑가
낡은 옹기독

썩은 감자 채우고
그랑물 채우고

물살 조잘거리며
별빛 보다듬으며

가라앉은 가루가
하도 고와서

주름진 손 넣어
휘이 저으니

몽글몽글 떠오르는
뽀오얀 그리움.

---

* '그랑'은 '개울'의 사투리.
* 시인이 어린 시절 살던 산골에서는 썩거나 언 감자를 버리지 않고 장독에 담아 두었다가 헹구고 울궈서 만든 가루로 감자떡을 만들었다.

자취의 추억

연탄불엔 오뎅국이 끓고
곤로에는 계란후라이가 노릇노릇
도시락 싸는 큰형의 손놀림은 잽싸고
잠에서 갓 깨어난 동생들은
뻥튀기가 튀겨지듯 요란하다

밥상에 둘러앉은 사남매는
한없이 가벼운 말 쫑알거리곤
자기의 배움터로 쏜살같이

집 떠나 부모 떠나
서로의 손 꼬옥 잡고
낙타가 바늘귀 통과하듯
인생길 좁은 터널 지나왔나니
냉장고, 테레비, 책상 2개에
비키니 옷장까지 있는
작은 자취방에서

한 뿌리에서 가지가 벌어지듯
세월비에 서로의 마음 묽어졌지만
가끔은 한 방에서 오글거리던
그 시절 그리울 때가 있어
말 못하게 그리울 때가 있어

눈을 감고는
낡은 웃음소리 찾아
범어로타리 근처 골목길을 헤맨다.

도서관 앞 공중전화

오므린 목련이 마냥 먹먹한
봄날 어스름
모교 도서관 앞에 덩그러니
색바랜 공중전화기

희뿌여진 눈길 너머
아련한 기억 너머
도열한 공중전화기마다
사랑을 배급받으려는
허기진 학생들의 줄

손에는 동전 가득
자판기처럼 한 움큼 사랑을 꺼낸다
고향에 계신 어머니의 정을
사랑하는 이의 달뜬 음성을

홀로인 듯한 짙은 외로움을
버티게 해주는
전화기 너머 그리운 목소리들

나는 누구에게 전화하려고
저기에 끼어 있었던 걸까.

무지개

오롯이 사랑이기에
오롯이 사랑하기에
연한 몸 갈래갈래 찢겨
애달피 달리어도
본향을 향하여 한줌 토해내는
아련한 빛의 숨결이여!

통장 하나 만드셨나요

사랑하는 당신은
하늘나라 거룩은행에
입출금통장 하나 만드셨나요

계좌개설은 쉽다니
염려하지 마세요
주님을 사랑하기만 하면 된다네요
입금 방식도 간단해요
아파 우는 사람을 포근히 안으면
목마른 사람에게 생수 한 모금 건네면
복잡한 절차 없이
직방으로 처리되요
한번 입금되면
여간 출금이 어려워서
보이스피싱 엄두도 못내고
이자는 따따블이라나요

계산이 빠른 나로서는
재테크는 여기로 집중하고
돈 생기면 지체말고 입금해야겠어요
단체 명의로도 개설되면 좋으련만
절차적으로 가능한지
상품소개서 함 훑어봐야 것 같아요

하늘나라 은행에
통장 하나 개설하니
노후가 이리 든든하네요.

동역자

흩날리는 빗살
어찌 홀로 피하랴

몰아치는 파도
어찌 홀로 막으랴

겉옷은 푹 젖고
마음 산산이 부서지는데

말없이 옆에 서 있는 이 있어
웃으며 손 잡아 주는 이 있어

작은 우산 엮어
견고한 망루로
후두둑 장대비 피하고

야윈 몸 촘촘히 모여
믿음의 방파제로
몰아치는 파도 막는다

굽이굽이 인생길을
세월에 깎인 몽돌 같은 이들이
쪼로니 정답게 구른다.

CBMC한국대회에 참가한 부천지회 회원들이 부산 태종대에서

그런 비밀 하나쯤

당신과 나 사이에
아무도 모르는 소박한 비밀
하나쯤 있으면 좋겠습니다

서로를 둥둥 띄우며
파도에 날리던 환한 웃음방울을
눈덮힌 하얀 산길 걸으며
속삭이던 뽀얀 입김을
추억의 지갑에 곱게 갈무리했다가
가끔은 혼자서 꺼내어 보면 좋겠습니다

주님과 나 사이에
아무도 모르는 벅찬 비밀
하나쯤 있으면 좋겠습니다

바짝 말라가는 친구의 마음밭에
남몰래 대어준 생수의 강물로,
오들거리며 추위에 떠는 이에게
김이 모락모락 숭늉 한 그릇 건네며
천국의 저수지 찰랑찰랑 채우면 좋겠습니다

몰라주는 섭섭함 폭포수같이 쏟아지고
인정받고픈 욕망 활화산같이 치올라
터져버릴 것 같은 입술, 꼭지 꼬옥 잠그고

사랑하는 당신과 나 사이에
사랑하는 주님과 나 사이에
아무도 모르는 그런 비밀 하나쯤
고이 품었으면 좋겠습니다.

섭섭함에 관한 묵상

반가이 달려오리라 여겨
고개 빼꼼 내밀어 두리번거리다가
속 좁은 가슴에 후욱 불어오는
찬 바람 한 오라기

물이 아래로 흐르듯
마땅히 그러하리라 여긴 것은
서로의 시간이 덧쌓여
더미를 이루었기 때문이리라

바위처럼 단단한 줄 알았는데
콧물처럼 이리 묽었던가
서로 엮임이 없었더라면
아예 기대도 없었을텐데
철없는 후회도 해본다

마음에 고여 또아리 틀면
원망과 미움, 더 나아가 배신을 낳으리니
태초의 가인이 그러했듯
적군에게 성문을 열어준
수 많은 섭섭이들이 그러했듯

내 여린 마음에 달라붙어
흐느적거리는 이 비릿한 놈을
어찌 뿌리째 뜯어낼 수 있을까
아삽의 흉내를 내어
십자가를 바라보면 될까나

사랑하여 하늘보좌 버렸건만
무시하고 때리고 침 뱉고
심지어 달아 올리기까지,
그 섭섭함을 어찌 이겼을까

메마른 영혼의 갈증 위로
십자가 그 사랑의 피 한 방울이
뜨거웁게 떨어진다.

뿌리

비바람이 불어도 큰 나무가 지탱함은
너로 인함이다

꿈결같은 새소리에
잎들이 영광의 춤을 하느작거릴 때도

따사로운 햇살에
가지가 우아한 자태를 뽐내며 우쭐할 때도

아무도 보아주지 않는 곳에서
아무도 알아주지 않는 그 곳에서

폭풍우가 몰아쳐도 큰 나무가 안온함은
바로 너로 인함이다.

빛과 그림자

도시의 거리를 휘감은
우뚝 솟은 건물, 화려한 조명은
지자랑하기 바쁜데

골목 안 살짝만 들어가도
귀퉁이가 포삭 허물어진 건물
색바랜 낡은 간판

겉은 반지르르
한겹 속살은 울퉁불퉁

어둠 속에선 드러나지 않았는데
짱짱한 가을 햇살엔 여지없이

나의 모습인 양
우리의 감추인 민낯인 양.

한양도성길

봄바람을 노랗게 물들인
개나리 중대
봄햇살에 연분홍 아롱진
진달래 소대

구불구불 산등성 따라
갈기처럼 돋아난 성 안으로
봄의 졸개들이 은밀히 잠입했다
공성전 한번 치르지 않았는데

때 마다 도성의 빗장은
안에서부터 속절없이 열리니
누구를 위하여
이리 견고히 지었던고

지엄한 왕들은 속히 피난가고
유쾌한 젤렌스키의 단호함이
가슴 떨리는 봄날

그럴 수 밖에 없는 명분으로
한양을 떠났고
그럴 수 밖에 없는 운명처럼
키이우에 남았다

떠남과 남음의 갈림길 앞에서
봄바람에 덜컹이는
내 마음의 여린 빗장.

심우장 가는 길

겨울소처럼 웅크린
북정마을 좁다란 골목길은
처마마다 고드름

그 예리한 도열은
일본군의 창검인 양
귀퉁이가 무너진 제국의
헐거운 빗장마저
거칠게 부수었다

님은 울었다

하늘 맞닿은
북정마을 높다란 골목길에
일렁이는 옛 향기

서슬 시퍼런 시절
서대문형무소의 외로운 주검을
허리춤에 질끈 동여매고
예까지 힘겨이 오름은
산 자와 죽은 자가
실낱같은 역사의 끈으로
오롯이 묶였기 때문이리라

님은 또 울었다
울어서 향기를 남겼다

아, 쉬이 지나가기엔
골목길이 좁구나.

* 심우장 : 서울 성북동에 있는 만해 한용운의 집
* 독립운동가 김동삼 장군이 서대문형무소에서 옥사하였으나, 다들 일제의 눈치만 보던 그 때, 만해가 그의 시신을 수습해 심우장에서 5일장을 치뤘음

신삼국시대

역사는
도돌이표인가
고백신이 힘겨루던
그 옛적과 별반 다름이 없다

드넓은 평원 위
군기와 군마 정연한 진영의
입에서 쏘아대는 독화살은
연하나 묘한 살상력이 있어
겉은 건들지 않고
속만 서서히 곪아 터지게 한다

막힌 담 허물어
둘을 하나 되게 하려는
도도한 물줄기도
각자의 정의로 무장한
완고한 진들 앞에서는
솜뭉치 보다 맥없으니

나는 이 신삼국시대에서
독화살 쏘기를
새로이 연마해야 하는가

이꼴저꼴 보기 싫어
백이숙제 되어야 하는가.

땡감

여린 가슴에
툭 떨어졌다

세찬 바람에
시퍼렇게 멍들어

조그만 장독에
눈물 절반 채우고
푸욱 담구어 두니

별이 떨어지고
볕이 보듬고
바람 어루만지고

여린 가슴이
향긋하게 삭쿠어진다.

가시

한 걸음 다가가면
저 만치 물러나고

살며시 다가오면
주저주저 뒷걸음질

내 몸의 가시
내 영혼의 가시

서러워
부끄러워
하나 둘 뽑아도 보지만

이 모습 이대로
품을 이 있을까 하여

바람만 벗할 뿐
하늘만 벗할 뿐
그것으로 족할 뿐.

주판알 튕기지 마라

머리속이 분주하다
주판알 오르락 내리락

인생길 여정에서
주고 받은 것 더하고 빼고

예전에 받은 상처가 불현듯 떠올라
거듭 셈하니
주판알 오르락 내리락

선뜻 내민 손길도
고마운 눈짓을 은근 기대하다가
기다림이 지나쳐 미움이 되는
내 마음의 주판알

아! 머리 아프다
주판알 튕기지 마라.

돌 하나 얹어

바람에 날려가지 않으려
묵직한 돌 하나 얹는다

시류에 떠내려가지 않으려
심중에 돌 하나 얹는다

간혹 그 무게에 짓눌려
하얗게 밤을 새우지만

파르르 나부끼는 맘자락을
꾸욱 누르려 돌 하나 얹는다.

역행

작은 물고기 한 마리가
거센 물결을 거스르고 있다

바쁘게 사는 것이 미덕이라는데
느리게 걸으려 무진 애 쓰고
다들 핸드폰 보는 지하철에서
흔들리는 몸 가누며 시집을 읽고
즐거움에 취하여 달뜬 호프집에서
이방인처럼 술잔을 내려놓는
못난이

더 가지려는 세상에서
더 흘러보내지 못해 미안해 하고
땅의 일만 생각하는 사람틈에서
하늘 소망에 먹먹한 가슴 한 켠

세찬 여울목에서
맥없이 떠밀리지만

오늘도 쉼 없이
작은 지느러미를 저으며
물결을 거스른다.

허락된 시간

분주한 삶의 물살에
후욱 날아든 질문 하나,
생이 1년만 남아 있다면?

지난 그리움만 곱씹었기에
앞날은 여전하리 여겼기에
순간 멍해져!

옷가지를 정리할까나
철학자 흉내내어
사과나무 한 그루 심어볼까나

생의 갈피를 살며시 접으니
문득 떠오르는 한 사람
가슴 깊이 묻어둔 멍울을
다시금 시퍼렇게 돋게 하는 그 사람

내일은 꼭 전화해서
따뜻한 커피 한잔 하자고 해야지.

원병철 대표와 김호근 대표의 손

노을

땀에 절은 채
풀썩 들누우니

무정한 바람이
젖은 옷을 헤집는데

새악시 같은 초승달이
못내 수줍어

발그스레 내뿜는
뜨거운 입김

아! 좋다.

소박한 시

인생은
가시 돋힌 철조망 위에서도
노래하는 새

상쾌한 바람 불어오면
감미로운 시로
폭풍우 사납게 몰아칠 땐
설움에 젖은 시로

오르락 내리락 삶의 여정이
갱년기같이 숨가쁘고
끝 모를 아득함에 진저리나도

지친 부리
깃털에 묻으며

오늘 하루도
당신은
소박한 시 한 편 지었는지요.

맨발걷기

신발을 벗고
양말도 벗고

한 마리 나비 되어
흙 위를 나폴거리며

몽글몽글 진흙
엉거주춤 자갈

흙에서 태어나
흙으로 돌아갈,
덕지덕지 붙인
요란스러운 장식
다 떼어내고
흙과 하나 된
인생길

지난 밤 밟은
거친 돌 때문에
바더리에 쏘인 것 처럼
여태 화끈거리고.

주름진 발

나른한 햇살이
패인 발자욱 안에서
오불오불 노닌다

기쁘고 애달픈
지난 날 족적만 곱씹다가
문득 눈에 들어온
코끼리 코 같은 주름진 발

돌뿌리에 채여
발톱은 갈라지고
가시에 찔린 상처의
그림자 틈새로
흙먼지는 잔뜩 끼어

삶이 발 위에 얹혀 있건만
의례 그런 것이려니
무심히 지나쳤으니

오늘 밤에는
따스한 물로 어루만져 줘야지
사랑샘에서 솟구치는
너의 눈물 두어 방울도 풀어서.

골프공의 탄식

무대 중간으로 저벅저벅
우주의 시선이 해바라기처럼
나를 향하여 빛을 발한다

드넓은 창공을 힐끗 쳐다보고
두 다리에 힘 단디 주고
작은 공을 숨죽이며 노려보고

새들도 바람도 구름도
덩달아 호흡 멈추어
고요만이 휘감는 그 순간,
드디어 큰 채 맘껏 휘둘렀고
소리도 유난히 경쾌했다

흐뭇한 미소 띠며
공의 꼬리를 더듬는데
바로 눈 앞 나뭇잎의
뚜둑 외마디 탄식소리
나즈막한 신음 뱉어내며
동반자는 차마 입을 열지 못하고…

이것이 인생인갑다!

코로나 유랑

에구머니
마침내 올 것이 왔구나
콧속 깊숙히 찔러 휘저으니
선명한 두 줄

아내를 위하여
홀로 내려온 시골집

뒷산 두릅 따서
쌉싸래 데쳐 먹고
장작 패 군불 따시게 때곤
이른 잠

양철지붕 빗소리에 깨어나
물끄러미 바깥을 내다보니
무한의 어둠 사이로
고요히 내려앉는 빗방울은
할매의 손처럼
꺼치른 마음을 적시고

영상통화엔
부러 힘든 표정 지으며
결혼 후 처음 갖는
혼자만의 시간을
맘 편히 지낸다면
아내가 섭섭하려나

도리어 분주한 세상을 격리한
달콤한 유랑의 시절도
그믐으로 치닫는 달 같다.

성공보수

제법 큼지막한 사건인데
형편이 여의치 않다 하여
차마 성공보수약정을 못하였다

이 보다 더 잘 끝낼 수
있을까!

밥을 먹자는 연락에
희뿌연 설렁탕을 사이에 두고
웃음꽃 만발했지만
잿밥에 쏠린 눈빛은
하얗고 두툼한 봉투를 찾아
어지러이 더듬었다

하지만
밥만 먹었다
차만 마셨다

돌아오는 길에
어금니에 낀 고기찌꺼기를
손톱으로 겨우 빼내어
허공을 향하여 튕겼다

어느 더운 여름날
배달된 옥수수 박스 위
낯익은 그 이의 이름

평생의 은인이라며
작지만 마음이라며
전화기 너머 살가운
늙은이의 말

그러고보니
옥수수에 맺힌 알알이는
여름 내내 흘린
그 이의 땀방울이며
붉게 물들어 가는
그 이의 인생이었다

성공보수,
큼지막하니
제대로 받았던 것이다.

소쿠리만 채우다가

매실이 색곱게 익어
저물기 전에 다 따려니
맘만 급한데

바람 불지 않았다면
봄빛 머금은 향긋한 내음
맡지 못하였으리
허리 펴지 않았다면
석류꽃 이쁘게 핀 것도
보지 못하였으리

옆구리 툭 치지 않았으면
소쿠리만 채우다가
하루해를 다 보낼 뻔하였다.

커튼을 열어라

잠은 깼는데
꼼지락꼼지락

실눈 사르르 뜨곤
꼼지락꼼지락

아침 햇살 간지럼에
꼼지락꼼지락

새소리 달뜬 장단에
꼼지락꼼지락

꼼지락꼼지락
꼼지락꼼지락.

새벽 바다

삶의 그물이 가쁘게 죄어올 때
새벽 바다를 가보자

푸른 굴레를 벗어나려는
파도의 비틀린 몸짓이 그리는
황홀한 군무

붉은 여명에 물드는
바다새의 한가론 날개짓이 그리는
먹먹한 여운

찐득하니 엉겨 붙은
한 조각 부스러기조차
바람이 날려버리니

삶의 그물이 서럽게 죄어올 때
새벽 바다를 가보자.

메타버스

시내버스 고속버스는 알아도
도통 메타버스라니!

이슬과 바람의 미세한 떨림
목련의 피고 지는 의미를 더듬던 시인은
NFT 블록체인 데이타 인공지능 등
낯설은 세상의 시어를 배운다

꿈꾸는 이들의 신세계는
무한으로 빠르게 흘러가는데
그 속에서 숨가쁘게 허우적대는
나의 모습이 어색하여

집으로 돌아와
'나는 자연인이다' 보고 나니
동치미를 한 사발 들이킨 듯
묵은 체증이 쏴악 내려간다

온 맘이 그 속으로 빨려 들어가
더불어 웃으며 눈물 지으니
시인의 무딘 눈망울에는
텔레비전이 정녕 메타버스.

도시락 봉사

갈바람처럼 시원시원한
여인들의 손놀림
고기를 고추장에 절이고
당근을 깎고
감자도 곱게 갈아
빠알간 사랑으로 골고루 버무린
맛깔스런 반찬

"맛있게 드세요"
다정스런 아이들 인사말에
대문 뒤 주름진 손은
멋쩍은 웃음 흘리는데

한 끼 도시락이
허기진 외로움을 채우랴마는
세월에 헐거워진 눈물샘을
잠시나마 메우리

아이들 뿌듯한 웃음이
갈바람에 올라타
골목길을 신나게 달린다.

이방인

히잡을 두른 여인이
한 켠에서 서성인다

쭈뼛 낯설어하는 이방인의 눈
더 낯설어하는 우리네 눈빛

철조망 넘는 다급한 순간이
메타버스 안 쓰라린 악몽인 듯
고글을 급히 벗어버리고는
촛점 흐린 눈 공허히

지레 겁먹은 아이 울음 터트리자
화들짝 젖병 물리는 여인의 손길이
왠지 고향 누이처럼 친근하여
눈길 자꾸 가는데

바람이 선선히 분다
아마 가을에는 접붙인 석류나무에
빠알간 보석들이 알알이 영글 듯.

2부 바다 너머

시간 위에 그리는 그림

아프리카

구글 지도 속에만 있는 대륙
손가락으로 넓혔다 좁혔다
마법 같은 땅

텔레비전 속에만 있는 왕국
코끼리 떼와 얼룩말, 사자는
신실한 백성

아프리카는
세계사 속 깊이 얼룩진 상흔
열강의 대포와 군홧발에
자로 쫘악 그어진 씨줄 날줄의
오만한 국경선

이 땅은
낯선 발걸음을 받아줄까나
설레는 이방인의 맘을
스스럼없이 품어줄까나

숫사자의 등에 올라타
세렝게티 대평원을 질주하는
야생의 거친 꿈이
밤마다 신기루같이 피어오른다.

이 세상의 모든 가축은 자신들의 것이라고 주장하는 마사이족

볕뉘 두 줄기

— 탄자니아의 박종대, 윤새나 선교사에게

살짝 열린 틈새로
가느른 볕뉘 두 줄기

인생의 십일조로 섬긴 땅의
아이들 해맑은 눈망울이 잊히지 않아
도저히 떨쳐지지 않아

다시금 황량한 아프리카 땅으로
남은 십의 구 마저 던지려는
무모한 젊은 이들이 있으니

손에 가진 것 하나 없기에
알 수 없는 내일의 삶을
주님께만 맡기며 살아가려는
아름다운 부부가 있으니

지나가는 나그네야
눈물 어린 속사정을
일일이 알 수야 있으랴만

대륙의 틈새로
따스한 볕뉘 두 줄기

*볕뉘 : 그늘진 곳에 미치는 조그마한 햇볕의 기운

탄자니아 아루샤의 전통시장

마사이의 큰 나무

– 마사이족 출신의 바리키 목사에게

황량한 들판에
먼지바람만 어지러이 날린다

태고이래 스며든
거칠고 사나운 기운이
꽈악 잡고 있는 이 땅에
외로이 나무 한 그루

자신의 민족에겐
뉘 아닌 스스로 생명의 말씀 전하려는
옹골찬 결단이 몰고 온 것은
일가친척과 부족들의 주먹질
차가운 외면

거센 회오리 바람에
뿌리채 뽑힐까 두려울 법 하건만
말 없는 그의 두 눈은
고요히 하늘만 올려다본다

비 그치고
따스한 햇빛 어리자
큰 나무 그늘 아래에는
고운 꽃잎들이 피어나고
춤추듯 날리는 꽃향기

황량한 마사이 들판에
빙긋 웃음기 머금은 나무가 있다.

주안장로교회 여전도회협의회장 김성혜권사

마사이족 노인, 100세가 넘었다
바다로 간 마사이족

몽골몽골

몽골몽골
몽골몽골

톡톡 터지는 방울마다
초원이 사막이 낙타가 어린 양이

나타났다
사라지고
나타났다
달아나고

몽골몽골
몽골몽골.

나단축제의 씨름예선경기

종군기자

아른거리는
신기루 사이로

끝없이 진격하는
믿음의 군사들

거친 땅
억센 사람들

주님의 뷰파인더에 맺히는
촛점을 향하여

이름도 없는
가슴 먹먹한 숨결을
오롯이 담으려는
나는

빛과 어둠 사이 한판 전쟁의
종군기자.

눈물샘 터져

바람결에
꽃씨 날아와

품은 나날이
마음 졸이고

가슴 언저리
눈물 고이고

어느 날
문득

봄마당에
꽃송이 피어

고운 빛깔
꽃송이 피어

꽃봉오리 터지듯
눈물샘 터져

묵은 정 우러나와
눈물샘 터져.

유럽여행

코로나의 철통방어로
그 땅에 발을 내딛지 못하고
이제나 저제나

한달음에 내지르지 않고
시간에 시간을 두텁게 포개니
묵은 맛이 깊다

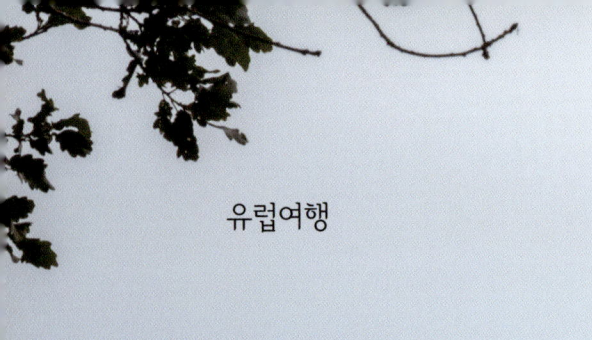

지도 위 실낱따라
수 없이 손가락으로 더듬은 길
한니발의 코끼리 뒷발에 패인
역사의 좁은 오솔길로
드디어! 드디어!

빙 둘러싼 사람과 일더미가
나를 지치게 하여도

토스카나 평원의 오월 푸른 바람이
눅눅한 가슴을 툭 치며 지나간다.

미켈란젤로 광장에서 바라본 피렌체
포로로마노에서 바라본 콜롯세움

우산소나무
밀라노

여행의 이유

일상의 삶을 이륙하여
낯선 땅으로 성큼 내딛는다

여행은 마치
알록달록 수놓은
스테인드글라스에 들뜬 빛살이
나른하고 칙칙한 그림자를
곱게 채색하는 것이다

비록 해는 기울더라도
벅찬 여운은 여전히 일렁거리고

여행은 마치
오래된 예배당에서 울려퍼지는
고결한 바이올린 선율이
삶의 향방 잃은 지친 영혼을
먹먹하게 쓰다듬는 것이다

비록 연주는 그치더라도
생의 활력은 샘솟듯 차오르고

집이 최고라 되뇌이지만
먼 훗날 길을 걷다가 문득
봄바람 같은 추억이 가슴을 두드리면
유유히 길 떠나는 구름 바라보며
빙긋 미소지으리라.

인터라켄의 숙소에서 바라본 융프라우의 석양

루체른의 강가
리기산에 오르는 어울림이끌림 사회적협동조합의 회원들

활화산
–인도네시아 우효제, 오숙희 선교사에게

설레는 마음으로
숨가쁜 호흡으로
일상의 중력을 거슬러 마침내
브루모화산을 오르니

용솟음치는 열정이
거친 지각을 향하여 표출한
장엄한 기개

이 땅을 뜨겁게 데우리라
이교도의 견고한 진을 흔들리라

그 날의 넘실대던 열기는
습한 바람에 조금씩 식어가고
유황냄새 아찔한 연기에
가끔은 숨이 턱턱 막혀오지만

인도네시아 말랑의 브루모화산

심령 깊숙히 흐르는
생명의 피가 다시 한 번
보글보글 끓어 오르는
기세를 보아하니

머지않아 다시
화산이 터지려나 보다

아름다운 불꽃이
그 땅을 곱게 수놓으려나 보다

*브루모화산 : 인도네시아 말랑에서 차로 2시간 정도 걸리는 곳에 있는 활화산

말랑 와르나와르니 벽화마을의 아이들
뚜나스방사유치원에서 옥상남이 드론을 날리자, 한 아이가 흥분을 감추지 못하고

젊음은 증발하고

줌(zoom)으로 만나는
땅끝 선교사의 얼굴에
반가움이 넘실거린다

정든 땅 떠나
이국의 따가운 햇살에
젊음은 증발하고
소망의 눈동자만이
진주같이 빛나는데

말끝 흐리는 기도제목에
외로이 두면 그렇다 싶어
바지주머니 속
얄브리한 지갑을 더듬는다

줌은 꺼졌는데
먹먹한 일렁임이
쉬이 사그라들지 않으니.

여왕의 걸음
-동아교회 이미자권사에게

그녀의 인생길은
울퉁불퉁 비포장도로

서러운 눈물에 질퍽이고
모질게 패이어 덜컹이고

야속타 하리다마는
먼지 풀풀 날리는 흙길을
종일 달리며 흘린 땀방울 모아
그 머언 우간다 땅에
고스란히 교회를 세워가니

하나 둘 셋…여덟…!

몸은 부서져가도
심장이 붉게 타오르는 것은
아이들 똘망한 눈망울이
심지 되었기 때문이리

심령에 값진 진주를 품어
세상살이 거침 없는 이 여인은
오늘도 흙먼지 날리는 길을
고고한 여왕처럼 걷는다
지긋한 눈빛으로
우아한 손짓으로.

* 동아교회 이미자 권사님은 전기 자전거로 음식배달을 하신다. 그런데 놀라운 것은 그렇게 번 돈을 본인을 위해서는 한 푼도 안쓰고 고스란히 모아서, 해외 선교지에 헌당하신다. 우간다에 교회 하나를 헌당하는데 통상 1,300만원이 소요된다. 처음에는 서티모르를 섬기다가 지금은 유니온비전미션이란 선교단체가 활동하는 우간다에 헌당하신다. 지금까지 8개의 예배당을 헌당하셔서, 별명이 팔미자이다. 앞으로도 계속 뜻을 품으니 별명이 수시로 업그레이드 될 것 같다.

우간다 머치슨국립공원 사파리의 가젤

유니온비전미션을 통하여 우간다에 교회를 헌당하는 동아교회팀을 환영하는 현지 교인들.
수 백 미터 앞에서부터의 환호성은 마치 예수님이 나귀 타고 예루살렘에 입성할 때 '호산나' 외치는 소리인 듯 하다

헌당하는 교회의 입구에서 나뭇가지를 들고 환영하는 풍경은 특별한 경험이다. 아무런 연출이 없는데도 가슴이 터졌다

손님을 맞이하기 위하여 가마솥에 불을 피우는 아낙들
고무줄 대신 새끼줄 놀이하는 아이들

독도기행

평생 한번은 가봐야지
잔뜩 벼르던 뱃길

끝없이 검푸른 바다
쉼 없는 너울성 파도는
시대의 울렁거림인 듯
뱃전을 거칠게 강타하는데

그 곳은 정작
새끼 여럿 거느린 엄마 아빠섬
강치 코끼리도 갈매기와 어울려
한갓지게 노닌다

동녘 새벽의 독도갈매기는
바다 저 너머 휘몰아치는
사나운 땡깡질을 의연히 응시하고

언제 다시 와볼까나
나그네의 두 눈에는
아쉬움의 파도가 젖는다.

출근길

우후우후~
가벼이 날리는 소리에 올려다보니
손을 흔드는 아내의 웃음이
봄비처럼 곱게 내린다

엘리베이터 앞에서
한껏 가다듬어 부르는 노래와
짧은 눈맞춤으로는
부족했나보다

고된 하루 일에
지치지 말라는
뜨거운 손짓 눈짓

성큼 걷다 되돌아보니
가지 사이로 여전히 보이는
사랑스런 얼굴

잎이 무성하던 시절엔
쉬이 가리웠는데.

사랑도 여린 시절이

사랑도 여린 시절이 있다
스쳐도 상처가 나는
보드라운 꽃잎인 적이 있다

사랑의 봉오리가
몽글 채 피기도 전에
거칠게 몰아치던
천둥과 번개

마치 다시는
사랑하지 않을 것처럼

울퉁불퉁한 궤도 위로
봄 여름 가을 겨울을
뱅그르르 돌다가
간이역에서
가쁜 숨을 돌린다

이제는 전투중에도 웃으니
사랑에 굳은 살이
곱게 박이었나 보다.

죄와 벌

아뿔싸!
분주한 일상에 그만
마나님 생일을
놓치다니

섭섭단 말에
그렁한 눈물에
알뜰히 쌓아온 사랑의 돌탑이
우수수

촛점 없는 변명
뒷북 이벤트는
차가운 눈빛에 얼어붙고

쪼그리며 떨다가
쪼르르 마나님의 품으로
꼬리치는 강아지,
한땐 용맹스런 범이었는데

남자들이여
잊지 말지어다!
공든 사랑탑도
무심한 잔바람에
쉬이 무너질 수 있음을.

시인의 비애

토요일 오후
아내랑 원적산에 오른다

날파리 같은 시어가
이명처럼 앵앵거려
손부채로 분주히 쫓아내지만
이내 우회하여
눈앞에서 아른거리고

떠도는 심상의 나래
얼기설기 엮어
트림처럼 툭툭 뱉어내자
내지르는 아내의 습한 외마디
"고마해라"

삐죽한 쑥대궁 날개 꺾어
서러웁게 훌쳐대는데
갈피 못잡은 날파리는
내내 어지러이
시인의 꽁무니만 좇아온다.

봄비

처마끝 골골이
주루루 봄비

문턱에 걸터 앉아
아내랑 물끄러미

양철지붕
폭신한 땅바닥
여린 매화꽃잎
잔잔한 아내의 눈망울에
그윽히 울려퍼지는
봄비 사중주

꽃향에 젖은 봄비
봄비에 취한 두 사람

맞댄 가슴 사이로
일렁이는 불꽃이 촉촉하다.

더치커피

따뜻한 커피 한 잔 내려
아내에게 건네며
"맛 좀 봐라"

간만에 분위기 잡고
사랑스런 눈빛도 녹였는데
악센트 있는 어감이
영 고약하다

억눌린 감정의 퇴적층에서
한 방울 한 방울
소심하게 우려내더니 그만.

그날 아침

식탁 위 낯선 홍삼!

고개 젖혀 먹으려는 찰나
천둥같이 목구멍에 꽈악 박히는
아내의 뾰족한 눈빛,
"마이 먹고 힘내소.
나이들어 누구랑 싸우겠노"

철없는 스파링 파트너에 대한
한없는 배려인가!

무심코 터트린
오발탄의 고약한 여운이
아내의 눈망울에 서럽게 머무른다.

홍역

결국은 일이 터졌다
아내가 홍역을 심하게 앓는다
어디서 바이러스를 옮겼는지
몇 군데 짚이는 데가 있지만
한 발 가까이 다가가보면
숙주는 모두 나다

앞만 보고 달려가느라
주변을 살뜰히 챙기느라
정작 아내를 놓쳤다
당연히 이해해 주겠지
당연히 좋아해 주겠지
내 위주로 생각하다가
수위가 아귀까지 차오른 줄
미처 몰랐다

똥 뀐 놈이 성질낸다고
나 좀 봐달라며 퍼부어대는 하소연을
진득이 듣지 못하고
제대로 갈리지 않은 말들이
툭하니 튀어나갔다
그놈의 못된 성미가
불쑥 고개를 내민 것이다
이 때문에 돌아가신 아버지도
한통속으로 욕을 먹었다

코뿔소처럼 씩씩 내뱉은
뿌연 입김이 사그라지자
여전히 튀어나온 입을 꾹 다물고
꼬옥 안아줄 뿐이다
그리할 뿐이다

이번에 잘 치료하면
평생 다시 걸리지 않는다는데.

* 부부싸움 3부작 중 1부

바람도 쉬이 그치질 않는다

풀잎 위로 이슬이 구르듯
아내의 눈에서 눈물이 흐른다

어찌할 바 몰라
입 안에는 모래알만 버석거린다

무슨 영문인지 창 밖에는
바람도 쉬이 그치질 않는다.

* 부부싸움 3부작 중 2부

해빙

다가오는 몸짓이 가벼우니
아내는 고운 나비다

간밤에 드리워진 살얼음이
심히 아슬하고 적막했건만

따스한 날개짓에 녹아내린
물색 고운 웅덩이에서

속도 없이 나는
웃음방울 튕기며 노닌다.

* 부부싸움 3부작 중 3부

어디서부터 꼬였던가

여름내 푹푹 찌든 더위를
가랑비가 싸리비 마냥 쓸어내니
하늘에는 뭉개구름의 축제

강릉으로 가는 도롯가
인심 좋은 할매의 금사참외도
계절을 찬미하듯 달았는데

어디서부터 꼬였던가!
길이 헷갈려
차가 제 자리에서 뱅뱅 돌자
끼니를 거른 아내는
땡삐처럼 여러 방 쏘아대었고,
빈정상한 나의 반격은
유치하기가 찬란하여
차 안은 숨소리 조차 얼어붙었다

어렵사리 찾은 밥집에서도
젓가락만 고요히 교차하며
들끓는 심연속으로 꾸역꾸역 삼키고
퉁퉁 부은 차는
한 동안 말없이 달리기만 하였다

아내가 달사한 포도를
슬그머니 내밀지 않았더라면
대관령을 오를 때 까지
그리하였을 것이다

오십이 넘어도
우린 그리하였던 것이다.

블랙 아이스

밤새 내린 눈이
하도 어여뻐

뽀오얀 눈길 걸으며
다정한 웃음 흩뿌리다

앞선 이 미끄러져
벌러덩 자빠지고

느슨한 틈새로 피식 삐져나온
참 싱거운 농담에

아차 하는 순간
아내의 뾰로통한 눈빛

겉보기엔 뽀송뽀송한데
간밤에 살짝 얼었나보다.

일류 요리사

요즈음 부쩍
요리에 맛이 든다

부글부글 끓어 오르는 모양새가
곧 넘칠 낌새라
잽싸게 냄비뚜껑을 여니

돌파구를 찾던 허연 열기는
어지러이 헤매다 사그라들고
호수처럼 잦아든 국물은
그제야 보글보글 뽀글뽀글
쉴 새 없이 정답게 재잘거린다

아내의 오묘한 감정을
된장찌개처럼 능숙하게 끓이는
나야말로 일류 요리사.

과메기 부부

고운 인연으로 만나
한 꾸러미로 엮인 세월

세찬 바람 눈보라에
봄날 같은 햇살에

얼었다 녹았다
얼었다 녹았다

파닥파닥 날 것이
쫄깃쫄깃 고소하게.

가끔은 바람도 불어야

밤새 바람이 일었습니다
어여 그치길
숨죽여 기다렸습니다

문득 하늘을 올려다보니
별무리가 또록또록 웃음짓고

당신과 나 사이에 소소히 쌓이며
그 곱던 얼굴 뿌옇게 가리운
묵은 먼지가 말끔히 사라졌네요

우짜든지 피하고 싶었지만
가끔은 바람도 불어야 하는군요.

무형문화재

나의 아내는
천상 소리꾼이다

스치는 바람에도
산하를 깨우는
청아한 풍경소리 같은

영으로 찬양하고
찬양으로 기도하는

나의 아내는
하나님의 무형문화재다.

그러고 보니

당신을 만난 것은
내 인생의 크나큰 행운입니다

당신과 걸어온 여정은
내 인생의 크나큰 행복입니다.

말라 비틀어진 인생에
꽃봉오리 터트린 이가
바로 당신이었군요

그러고 보니
나를 찾아온 행운은 모두
당신의 손길로 인함이네요

그러고 보니
나를 휘감는 행복은 모두
당신의 기도로 인함이네요.

풍미

이제야 뜸이 들었는지
구수한 풍미 솔솔 풍기는
결혼 20년차!

거친 길을 어지러이 걸으며
파도도 정면으로 맞아가며
서로의 들쑥날쑥 각진 모서리에
부딪치고 갈리어 아귀 맞물린
사랑의 풍화

까슬한 각질 드문 남았지만
오히려 인간적이라나

안개 사이로 아슴한
그리운 본향집

흥겹게 뛰놀다가
한날한시에 같이 돌아가자는
애매한 약속을
서로에게 받아내며

둘이는 말 없이
어깨를 기대고 있다.

엄마와 딸2

파도치는
인생의 바다에서
엄마와 딸은
배역을 바꾸며 논다

어릴 땐
엄마가 딸을 안고 업고
세월 흘러선
딸이 엄마를 안고 업고

그 틈새에 피어난
웃음꽃이 닮았다
딸은 생글벙글
엄마는 계면쩍게

노을지는
인생의 바다에서
엄마와 딸은
배역을 바꾸며 논다.

해묵은 기도

어머니의 영혼 구원이라는
해묵은 난제를 알 품듯 사는
자식의 가슴 한 켠이
맷돌에 짓눌린 것 같다

시간이 있으려니 느긋했는데
또래의 분들이 도미노처럼 돌아가시고
굽은 허리가 땅에 점점 가까워지자
조바심은 소용돌이 치고

설날 고향집 안방에서
어머니의 시선을 장악하는
전원일기를 과감히 꺼버리고
손 꼬옥 맞잡는다
고단히 걸어온 인생길 위로하며
지금까지 지내온 것 찬양하고,
백발이 되어도 강건하기를 바라며
시편 71편을 읊조린다

아들 내외 눈물의 기도를
잠잠히 듣고 있는 어머니의 눈빛에
일렁거림이 이는 듯도 한데
이 소박한 예배로 진정 주님을 영접했는진
그 분만 알 뿐이어서
뵐 때 마다 앵무새처럼 되뇌이며
굳히기 들어가기로 맘먹는다

기도도 오래 묵으면
된장처럼 깊은 맛이 우러나려나.

풀쐐기에 쏘였어요

"아빠, 풀쐐기에 쏘였어요"
발갛게 부은 딸의 새끼손가락

살가운 엄살에
푸르딩한 잡놈 잡으려는
늙은 아비의 눈매는 단호한데,
파르르 떨리는 가는 팔다리

싱그러운 마음은
세월강 깊은 곳에 단디 닻 내렸는데
가여운 육신은
여름 밤하늘의 섬광 같이 무너지고

곰살가운 딸내미 엄살에 떠밀려
느린 발길을 재촉하는 아비의 쭈글진 눈에
붉은 꽃잎이 잔잔히 물들어.

별난 사돈

지경 바닷가에
노을이 붉게 물든다

잔잔한 파도 소리가
세 노인을 포근히 보담고

소주 한 잔 부딪치며
밤바다 수놓는 유행가 가사에
팔십 년 삶의 아롱진 흔적을
고스란히 풀어 내니

비내리는 고모령은
무로 배채우던 어린 시절 아른거리고
외나무 다리는
첫사랑 그리움인가
어머니의 고장난 벽시계엔
일찍 가신 아버지에 대한 원망이 서려

사돈이라는 이름으로 만나
동기간처럼 애틋해하니
그리움이 희미해지는 시절에
별난 풍경이다

이제는 다리에 힘도 풀리고
만날 날이 몇 번이나 될까나
눈가 촉촉한 아쉬움을
하얀 파도에 살짜기 흘러보내니

지경 바닷가에
황혼의 가락이 붉게 일렁인다.

*지경 : 병곡과 후포 사이에 있는 바닷가 마을

7번 국도 위 별난 사돈

첫 만남은 상견례때 이루어졌다.
당시 강보에 쌓인 조카가 벌써 대학을 졸업하였으니,
이미 꽤 오래 전 일이다.

신랑인 나는 경북 영해가 고향이었고, 신부는 강원도 강릉이다.
그래서 7번 국도 위에 있는 후포의 청솔횟집에서 상견례를 가졌다.
처음에는 사돈끼리 서로 격식을 차리면서 조심조심하는가 싶더니,
소주의 힘을 빌려서 술술 나오는, 억척스럽게 살아온 전설 같은 이야기들이
너무나 비슷하였다.
그렇게 하여 소주는 5병이나 비워지고,
급기야 장인은 3살 많은 어머니에게 누님이라고 부르면서 급친근감을 표현하였다.
장인의 스타일을 익히 잘 알고 계시는 장모님은 말리지 않으셨다.

이후로 사돈들은 자식들을 빼고 당신들만의 만남을 가졌다.
장인, 장모는 차로 운전하여 영해까지 가서 어머니를 만났고,
바닷가로 드라이브 가면서 당신들만의 추억을 쌓았다.
장인은 만날 때 마다 어머니의 가방에 몰래 용돈을 넣어 주셨는데,
처음에 어머니는 대개 부담스러워하셨다.
그런데 어느 순간 장인의 마음을 아시고 편하게 받으셨으며,
단지 나에게 전화해서 "니가 장인, 장모에게 잘해드려라"며
우회적으로 당신의 고마운 마음을 전하셨다.

한 번은 병곡에서 후포로 넘어가는 지경바닷가에서 만나 회포를 푸셨단다.
해 지는 저녁의 바닷가에서 세 분이서 둥글게 돌아앉아 소주를 마시는데,
그 날 따라 바닷바람은 포근하고 저녁의 노을풍경이 왜 그리 고왔던지.
파도소리를 반주 삼아 노래가 끊기지 않고 돌아가는데,
어머니가 부르는 '고장난 벽시계'는 너무 일찍 돌아가신 아버지를 원망하는 듯 그리워하는 듯, 장인의 '어머님의 손을 놓고 떠나 올 때엔 부엉새도 울었다오 나도 울었소'로 시작하는 '비내리는 고모령'은 지난 시절 삶의 애환이 녹아 있다. 옆에서 소녀 같은 장모는 최무룡이 부른 '외나무 다리'의 첫 소절인 '복사꽃 능금꽃 피는 내 고향, 만나면 즐거웁던 외나무 다리, 그리운 내 사랑아 지금은 어디, 새파란 가슴 속에 간직한 꿈을…'을 고운 목소리로 부르며 풋풋한 젊은 시절을 떠올리고. 아내가 장모님의 음색을 닮았다는 것이 너무나 감사하다.

지금도 지경바닷가 옆을 지나갈 때 마다, 그 때의 분위기가 떠올라 꼭 한 번씩 언급하며 눈을 지그시 감는 세 분.

이제 장인은 영해까지의 운전이 부담이 된다며, 어머니가 보고 싶으실 때는 우리보고 태워달라고 하신다. 뒷좌석에서 "앞으로 몇 번 더 만나겠노" 하시면서 세월을 탓한다. 아니 세월을 받아들인다. 그러면 우린 옆에서 "인생은 100세까지입니다"며 격려해 드린다. 마음 한 구석이 짠하다.

7번 국도 위에서 맺은 고운 인연이 오늘도 동해안 파도를 타고 일렁거린다.

빨간 방티

처갓집 다녀 오는
차 뒷좌석 빨간 방티

사과, 양파, 물김치 유리병에
밑반찬도 봉지 봉지

자식 사랑 꾹꾹 채우고는
그리움으로 질끈 동여 매어

사위는 도둑놈이라는데
어여쁜 따님만 아니라
장모님 마음도 훔쳤구나.

부탁

제비농장의 소나무 그림자가
쭈욱 기지개를 켤 즈음

고된 땅의 일을 마치고
세상 다 가진 듯한 노인의 웃음에
투박한 흙냄새가 난다

이보게 사진 한 장 찍어주게
찰나 같은 여행의 마지막은
땀 배인 작업복을 입은 이 사진으로
꼭 부탁하네

저무는 노을 속으로
노인의 시선이 사르르.

시상식

신나는 윷놀이가 끝나고
함성과 탄식, 웃음의 꽃가루가
안방에서 왁자지껄 날릴 즈음
시상을 위해 단상에 오른 김여사가
다들 수고했다며
평소와 달리 거창하게 운을 떼시더디

큰 애야
고생 많았다
너거 아버지 일찍 돌아가시고
없는 집안에 동생들 품어 건사한다고
땀도 눈물도 많이 흘렸제
온 나라가 힘들 때 니 양날개 부러지고는
어찌 할 바 몰라 속울음만 삼켰는데
다시 속살 돋아난다니
애미 맘이 이제사 놓인다

둘째야
애미 곁에서
탯줄 묻힌 고향땅 지킨다고 애 쓴다
객지 나간 형제들 대신
집 안팎 궂은 일 도맡아
묵묵히 챙겨내느라
누구한테 하소연도 못하고
니 혼자 속 마이 썩었제
말은 안했지만

가슴 한구석이 짠하고 고맙다

세째야
니는 중간에 끼어서
더 살뜰히 챙기지 못해서 미안하구나
객지 나가기 전까지는
내 곁에서 가장 오래 붙어 있으면서
일도 가장 많이 거들었는데
니랑 나랑 성격이 가장 비슷해서
부딪히기도 많이 했제
혼자서 버거운 세상 잘 견뎌내주니 대견하다
지금도 텃밭에 비료줘라 고구마캐라
시도때도 없는 늙은 애미의 새벽 전화에
입 한번 삐죽이지 않아서 고맙구나

네째야
니는 밥은 안굶고 다니나
돌아가신 니 아버지 노는 것 좋아하시더니
우찌 그리 빼닮았노
이때 살짝 끼어드는 네째 아들이
역정을 내며
아버지가 어떻는데, 그만하시면 잘 사셨지
아! 가재는 숙명적으로 게 편이던가

막내딸아
무뚝뚝한 아들들과 달리

살갑게 굴어줘서 고맙구나
딸인데도 다른 엄마들처럼 살뜰히
챙겨주지도 못하고,
중3때 니 아버지 돌아가시고
객지에서 겪었을 어린 외로움을,
살아내느라 정신없던 이 엄마가
섬세히 어루만져주지 못해서
내내 가슴에 걸렸는데
일케 이쁘고 곱게 커줘서 고맙다

새사람들아
못난 아들놈들과 살아줘서 고맙다
이때 며느리들이 긴급히 수선을 요하자
부족한 부분은 니들이 고쳐쓰라는
김여사의 단호한 음성
뭔가 켕기는 구석이 있을 때마다
번뜩이는 나름의 처세술이다

김여사에 대한 시상식도 이루어졌는데
자식 대표로 큰형이 수여했다
없는 집안에 드라마 아들과 딸의
백일섭 비스무리한 분 모시고
오남매 공부시키고 키워내느라
등골 휘어지게 고생 많았다며
말로만 생색내고 공치사하는 자식들

윷놀이 시상식이 이루어지는
겨울밤 고향집 위로
삶의 모든 순간들이 별이 되어
고요히 빛난다.

아이고 별나네

세상엔
별난 사람 천지라

허리가 아파
일나지도 못한다더니
담날 새벽 원구밭에
일하러 가신단다

아이고
우리 어머님 별나네

우찌 그리 닮았냐며
묘한 웃음 날리는
아내에게

달싹이는 입술을
애써 누른다.

헛기침

안방에서 나오시며
아부지는 헛기침을 하신다

몸보다
먼저 날아오는 군호

건넌방에 쪼르니 누워
만화책 보던 우리 형제들은
평소의 훈련 대로
전과책을 덮어 완벽히 은폐하니

창문 너머 물끄러미 바라보는
아부지의 눈에는
흐뭇한 웃음 흐르고
비상상황을 무사히 넘긴
우리들의 눈은
응큼한 승리의 개가 부른다

멀어지는 발자국 소리에
방안 가득한 어린 시절의 평화
.
.
길을 걷다가 문득
헛기침 소리가 들려
뒤돌아본다

혹여 그리운 이 인가 하여.

꽃잎 따다가

아카시아 꽃잎마다
빗물 머금어

아카시아 꽃잎마다
향기 머금어

한 아름 따다가
엄마 주려다

장난스런 미소에
빗물이 흠뻑

사랑스런 눈망울에
향기가 흠뻑.

어머니의 지팡이

다리를 다 건너갈 즈음
힘이 부친다며
손을 잡아달라 하신다

손아귀로 전해지는
꺼칠한 삶의 무게

평생 혼자 짊어지시다
다리 끝자락에서야
아들에게 기대어
당신의 거친 숨을 고른다

내 삶의 디딤돌이었는데
내 꿈의 원동력이었는데

이젠 어머니의 지팡이가 되어
기대어 쉴만한 지팡이가 되어

어머니의 손을 꼬옥 잡고 걷는
다리 끝 가로등 불빛이
오늘따라 서글프게 흩날린다.

술 땡기는 날

벗이 호랑이보다 무서운갑다
오십여 평생 시집엔 손도 안댔는데
벗이 책 냈다고
내리누르는 눈꺼풀 치뜨고
열흘만에 억지로 다 읽었단다

벗이 막걸리 파전보다 좋은갑다
퇴근 무렵엔 거나히 한 잔 하곤 했는데
벗의 마음 읽고파
후벼파는 유혹 누르고
곧장 집에 가 한 장 한 장 넘겼단다

술 끊은 지 오래건만
오늘은 왠지 막걸리가 땡기는 날이다
맘 고운 벗이랑 술잔 부딪히며
추억을 안주 삼아
정에 흠뻑 취하고픈 날이다.

덕수궁 돌담에서 영해 고향친구들

끝나지 않은 연주

날개짓에 튕긴 은빛 햇살이
주름진 볼살을 놓치듯 간지르자
허리를 휘며 색소폰 부는 이의 눈동자가
허공에서 길을 잃는다

갈之자 어지러운 지난 발자욱이
밀려오는 파도에 말끔히 지워지려니

마른 호흡 뱉어내고
금빛 톤홀 지그시 누르면
심중에 또아리 튼 체증이
산산이 토해지려니

집으로 돌아가는 해를 곁눈질하며
모란 닮은 아내의 웃음소리를 반주 삼아
마우스피스 다부지게 물고 흥겨웁게 몸짓한다

내 인생의 찬란한 연주는
아직 끝나지 않았다고

살짝 되돌아보니
저녁빛이 곱기만 하다.

옥상 위의 남자

아찔하다
세찬 바람 일렁이는 곳
옥상 끝자락

따가운 햇빛
무정한 바람에
벌어진 틈새가 맘 아파
하얀 구름 이겨
단디 바르고,
땀방울 쓰윽
헬멧 끈 조이며
드넓은 세상 바라보는
이 남자의 눈빛이 다부지다
땅에서는 그저 허허
싱거운 사람이었는데

눈길 머무는 곳
혹여 그 너머까지
장막터 넓히려는 것은
불타는 욕심일까
봄바람 같은 허영일까,
머리 세차게 흔든다
단지 나그네와 곤한 자를
그 서늘한 그늘에
쉬게 하려는 것 뿐

세상 바람 일렁이는 곳
옥상 끝자락

세월의 잔물결에 헐거워져
행여 빗물 스며들세라,
맘자락 틈새 여미고
단디 덧칠한다
하늘색으로
고운 색으로.

노방전도

그윽한 라일락 향기가
메마른 거리를 적시는 봄날에

사람의 길 가운데 의연히 서서
하늘의 길 알리는 이들이 있으니

때론 무시하는 눈빛에
마음 아려도

생명 씨앗 심기는 여린 기척에
달뜬 가슴

그윽한 하늘의 향기가
메마른 거리를 적시는 봄날에.

김익회집사

소녀의 기도

소녀의 작은 숨결에
고요의 강물 일렁이고
순결한 속삭임은
영원의 숲속으로 스민다

여린 가슴을 두드리는
감미로운 음성

하얀 들꽃향기 같은
순수의 딸아
네 사랑이 눈 뜨면
영원의 숲속에서
빙그레 웃음꽃 보리라.

무인감정

온종일 쏘다닌
도시의 낯선 골목길

뻣뻣한 몸에 힘을 빼니
바람 부는 대로
가벼이 날려다니고
친구의 싱거운 농담에
길따라 흘리는 웃음보따리

발길 내디딘 흔적이
내 삶의 지문일진대
가장자리에 새로 생긴
또렷한 선 하나

친구에게도 똑 같이 생겼을까!

*무인감정 : 재판과정에서 지문이 서로 동일한지 여부를 대조하여 감정하는 것.

그녀는 영화배우

그녀는
타고난 은막의 여왕

명감독의 Q 사인에
억척인 아줌마로
도도한 경영인으로
따뜻한 사회사업가로

어제는 수선화 모냥
센치하게
오늘은 장미 모냥
우아하게

날마다 걸어가는
레드카펫 끝자락에는
황금면류관을 들고 있는
순백의 미소.

그럼 됐잖아
– 한올뜨개방 이점덕집사에게

덜컹이는 삶의 여정 마다
눈물이 뚝 뚝 떨어졌습니다

그래서 뭐 어쩌라고!

한 올 한 올 섬세히 누벼왔는데
속주머니 전대는 어찌 이리 얇은지요

그건 그거고!

너의 마음밭엔
소망의 씨앗이 심겨 있잖아
너의 영혼은
거센 폭풍우에도 안전하잖아

그럼 됐잖아!
그럼 된거잖아!

아내의 손

언제부터인가
인생의 거친 언덕을 오르며
아내의 손을 꼬옥 잡는다

새소리 바람소리 닮은
아내의 정겨운 웃음소리를 벗삼아

세상에 마음이 빼앗겨
가슴 아프게 한
지난 날 흐린 그림자가
돌부리처럼 툭 올라와

넌지시 밟으며
아내의 손을 애틋하게 더듬는다.

영화 같은 인생

꽃망울 막 터트린
어리버리 스무살

막걸리 한잔 걸치며
삶을 노래하고
객지 외로움을 토(吐)하고
군대 다녀오고
습관처럼 시험에 떨어지니
어느덧 서른

뜬금없이 영화를 찍겠다니!

배역이 맘에 안들어
자신의 삶을 직접 연출하려나

뜬구름 잡는 것 같아
꿈속을 헤매는 것 같아
남들이 가는 그 길 따라가라던 말에
꼭 니처럼 살아야 되냐며 되묻던
날선 눈빛

좁은 낭떠러지길 피해
어렵사리 옮겨탄 외나무다리도
바람을 움켜쥐듯 아슬한데

불안한 삶의 조각들을
얼기설기 엮은 한 편의 영화에
반백년 풍설이 오롯이 스며있다
배우인지 감독인지는
여전히 모호하지만

안개 우련한 바다 너머로
클라이막스는 서서히 오르리.

묵은 정

마디 같은 세월에
푸욱 정이 들었네요

더불어 웃으며 운 순간들이
눈송이처럼 휘날리니
먹먹하게 쌓이는
아쉬운 마음

어디에 가더라도
주님이 아끼는
주님께만 매달리는
주의 종 되길 두 손 모으며

세월이 흘러흘러
어딘가서 씨익 웃으며
만나겠지요

못내 아쉽지만
지금은 된장국처럼
묵은 정을 풀어놓을 때.

칠십이 코앞이나

칠십이 코앞이나
나는 아름다운 신부다

결혼의 달콤함을
새삼 느끼니
나는 주님의 앳띤 신부다

사랑하는 이의
그윽한 눈길 이른 곳에
내 마음 스며들고

사랑하는 이의
따스한 손길 닿는 곳에
내 눈물 떨어지고

사랑하는 이의
향그런 발길 머무는 곳이
정녕 가시밭길이어도
꽃신 벗고 말없이 따르리

어여삐 여김을 받은
술람미 여인인 듯 하여

칠십이 코앞이나
나는 주님의 영원한 신부다.

동문회

정겨운 웃음소리가
봄꽃 사이로 쏘다니는
꿀벌의 날갯짓 같다

싱거운 농담을 안주삼아
소주잔 부딪치며
"니, 우예 지냈노"
한 마디 억센 말로 그리움 애써 감추고

주어진 시간 내에 인사말 하라는
사회자의 엄한 분부가 있건만,
그간의 사연이 고구마 줄기처럼 딸려나와
여간해선 끊어지지 않는데

이제 죽어도 이상하지 않을 나이라는
삶의 철학이 묻어난 뉘 발언은
머리 희끗한 선배들에 의하여
시기상조라며 일거에 탄핵을 당하였다

이 순간만은
세상의 화려한 직분 다 내려놓고
움츠러든 몸도 곧추세우고
형님동생 호칭만으로 어우러지니,
세상 찬바람에 얼어붙은 맘이 조금씩 녹아들어
딴 데서 차마 못한 서러운 하소연도
담담히 쏟아낸다

어제같이 여전한 삶의 자리에서
한 움큼 파먹은 묵은 정을
혼자서 눈감으며 되새김질한다.

그녀는 알고 있을까
– 아리랑식당 문정희사장에게

고개길이 가팔라
숨이 터억턱 막힌다
차마 엄두가 안나
맥없이 쳐다보는 뿌연 하늘

열심히 살았는데 왜 이렇나
억울도 하고
설운 넋두리 기꺼이 받아줄 이 없어
외롭기도 하고

고개 너머 다정한 소리 없었더라면!
고개 너머 따스한 손짓 없었더라면!

꼬옥 필요한 사람들에게 보태라며
젖은 손으로 부끄럽게 내미는
두 렙돈의 고귀한 무게를
그녀는 알고 있을까

누구보다 아름다운 여인이여
누구보다 부요한 여인이여

오늘도 눈물 한 바가지 냅다 퍼내고
고개길을 다시 오른다.

바늘과 실

저기에
바늘과 실 간다

따로이 놀다가
전능자의 섬세한 손길에 꿰어져

이불을 누비듯
대륙을 누비며

헤진 곳 여며 꿰매고
곪은 곳 톡 터트리고

혼자서는 버거워
함께함이 즐거워

콧노래 부르며
바늘과 실 간다

블루오션

사람은
변하는가 보다

함지박 같은
허우대에
여인네 머리카락 같은
섬세함

아프리카 땅이
주머니 채곡 채울
블루오션이거니
흥분하였는데

탄자니아 십일조로
얼떨결에 지명되면서
상하고 지친 영혼을
타래타래 이어 매듭짓는
블루오션으로

거친 그 땅에
푸른 꿈을 솔솔 풀어내는 이.

그 이로 인하여

묵묵히 서 있어도
온 몸으로 말하는 이 있으니

궂은 일 도맡아도
향기 그윽한 이 있으니

그 이로 인하여
나의 귀가 즐겁고

그 이로 인하여
나의 삶이 향기롭다.

문화는 달라도 우리는 하나

글로벌 영? 다중언어 말하기대회

파안대소

인생길이
굽이 흐르는 것은
자연의 이치라

삶의 변곡점 마다
강기슭의 모래 같이 쌓이는
아픔과 슬픔 그리고 외로움

왠만한 바람에는
이젠 눈도 꿈쩍 않으니
무심한 세월에 이골이 나
숫돌처럼 무뎌진 것인지

어제 밤의 더부룩한 체증도
뚝배기 같은 웃음으로
투박하게 토해낸다.

흩날리는 웃음

스텝이 꼬이고
노래가 삐걱대도
여기가 좋다

땀은 줄줄 흐르고
고된 하루로 눈꺼풀 내려 앉아도, 나는
찬양이 흐르는
여기가 좋다

부채에 바짝 신경 쓰면
입은 꿀먹은 벙어리

스스로 멋쩍어
멋드러진 수염 쓰다듬으며
웃음을 흩날린다
행복을 흩뿌린다.

덕포진의 희한한 노인

덕포진 바닷가에는
짭조름한 염화강 바람을
일평생 쐬온 이가 있으니,
아흔이 넘어 말라 쪼글거려도
여전히 꿈을 꾼다

평범한 산등성이건만
이 이가 파들어만 가면
구한말 대포가 뚝딱 나오고
화약에 멍든 돌덩이도 쑤욱

꿈속에서 뱃사공 손돌이 말했다나
무지개가 살포시 둥지 튼 자리라나

제 돈 들여 역사의 퇴적층만 파니
미친 것 아니냐는 주위의 조롱은
어쩌면 거짓이 아니니,
땅 아래 묻힌 민족얼을
우짜든지 해 아래 드러내려 함에
정녕 미친 것이리라

산길 내려가는 이의 등 뒤로
붉은 낙엽이 소소히 떨어지니
조만간 손돌바람이 불어오려나.

* 덕포진 : 김포시 대명항 근처의 구한말 시대 포대 유적지가 있는 곳으로 병인양요,신미양요의 격전지

시간 위에 그리는 그림

초판 1쇄 발행 2024년 10월 09일

지은이 강석희
감 수 서철원   디자인 문성예
펴낸곳 장원문화인쇄   펴낸이 원병철
주 소 인천광역시 미추홀구 숭의동 346-3
전 화 032) 881-4944   팩 스 032) 881-3237
이메일 jw4944@naver.com   블로그 https://blog.naver.com/jwst4944

ISBN 979-11-91978-09-4

※ 이 책 내용의 전부 또는 일부를 재사용하려면 반드시 저작권자의 동의를 받아야 합니다
※ 책값은 뒤표지에 표시되어 있습니다